C'est l'heure de l'histo

Le ventre de Maman

SOPHIE LEBOT

Editions Lito

super

Maman, elle est bizarre,
elle devient toute ronde...

Elle a dû avaler un ballon
et elle n'ose pas le dire.
D'ailleurs, quand je mets
ma main sur son ventre,
je le sens rebondir.

Maman dit que c'est mon p'tit frère
ou ma p'tite sœur qui bouge.
Ça ne m'étonne pas,
elle n'y connaît rien en ballon.

Le pire c'est que tout le monde la croit.

Alors, c'est pour quand ?

Un petit frère ou une petite sœur ?

C'est une fille ou un garçon ?

Moi, je dis que c'est une fille.

Vous avez vu son ventre ?

Et toi, tu veux quoi ?

Un petit frère ou une petite sœur ?

Moi ? Je veux un ballon !

Papa est aux petits soins avec Maman.
Il n’arrête pas de répéter qu’elle doit faire attention,
et que maintenant elle doit manger pour deux.
Mais Maman, ça la rend malade de manger pour deux.
C’est normal, quand on a un ballon dans le ventre.

Plus ça va et plus elle grossit.
J'ai un peu peur qu'elle finisse
par s'envoler dans le ciel
comme certains ballons.

Puisque personne ne fait rien, j'ai décidé d'agir.
L'autre jour, j'ai appuyé fort sur le ventre de Maman
avec mon épée en bois pour dégonfler le ballon
et je me suis fait gronder.

Maman était très fâchée.
Elle m'a dit que ce n'était pas très gentil,
que le bébé aurait pu avoir mal.
Je suis allé pleurer dans ma chambre.

Maman est venue me consoler.
Elle m'a dit un secret.
Son ventre a grossi, son cœur aussi.

Son ventre va dégonfler, quand le bébé sera là.
Mais son cœur va continuer de grossir
sans que ça se voie.
Comme ça, il y aura toujours assez de place
pour le bébé et moi dans le cœur de Maman.

La nuit dernière, Papa m'a réveillé.
Il m'a emmené chez la voisine.
Marcelle a expliqué que Maman allait accoucher.
Je crois que ça veut dire qu'elle va dégonfler.

Papa et moi nous sommes allés rendre visite
à Maman à l'hôpital. En entrant dans sa chambre,
il y avait le lit de Maman et une petite cuvette
en plastique montée sur des roulettes.

Oooh, mais c'est pas un ballon…
C'est Théo, mon petit frère.

Il est drôle. Il fait des grimaces.
On dirait un petit papi.

De retour à la maison avec Théo,
Papa et Maman m'ont offert un cadeau.
Vous ne devinez pas ce que c'est ?
Un BALLON !

C'est l'heure de l'histoire

Lito - 41, rue de Verdun 94500 Champigny-sur-Marne
Loi n°49-956 du 16 juillet 1949
sur les publications destinées à la jeunesse.
Imprimé en UE. Dépôt légal : janvier 2022